शांगरी ला का रहस्य, पांचवें आयाम की खोई हुई दुनिया: अमर कहाँ रहते हैं?

डॉ. रामचंद्र नाथ शर्मा

मेरी पुस्तक के सभी पाठकों के लिए

क्रम-सूची

प्रस्तावना

इस दुनिया में कई राज छिपे हैं। उनमें से कुछ रहस्यों को तो हम जान गए हैं, लेकिन बरमूडा-ट्राएंगल जैसे कुछ रहस्य हमारे लिए अभी भी अनसुलझे हैं। जहां कोई गया है, वह आज तक वापस नहीं आ सका है। दुनिया भर के लोगों ने इस रहस्य को सुलझाने के लिए इस रहस्य को जानने की कोशिश की, फिर भी यह रहस्य आज तक अनसुलझा है। दुनिया भर में कई ऐसी जगहें हैं, जो रहस्यों से भरी हुई हैं। इस दुनिया में कुछ ऐसी जगहें हैं, जिनके बारे में हम कुछ भी नहीं जानते हैं। शांगरी ला / शांगरी-ला घाटी तिब्बत और अरुणाचल प्रदेश की सीमा पर है। कहा जाता है कि यह घाटी दूसरी दुनिया में जाने का रास्ता है। क्या है इस घाटी का रहस्य? क्या यह वाकई संभव है?

भूमिका

यह घाटी तिब्बत और अरुणाचल प्रदेश की सीमा पर है। इस घाटी को शांगरीला के साथ 'शंभला' और 'सिद्ध आश्रम' भी कहा जाता है। इस घाटी के बारे में कई जाने-माने लेखकों ने अपनी किताबों में लिखा है। यह स्थान वायुमंडल के पंचम आयाम से प्रभावित है, समय का प्रभाव नगण्य है, इस घाटी में पहुंचने पर मन, आत्मा और विचार की शक्ति एक विशेष सीमा तक बढ़ जाती है। कहा जाता है कि यह घाटी दूसरी दुनिया में जाने का रास्ता है। अगर कोई चीज या व्यक्ति इस घाटी में चला जाता है, तो उसका अस्तित्व इस दुनिया से गायब हो जाता है। इसकी सच्चाई जानने के लिए चीनी सेना ने कई बार इस जगह को खोजने की कोशिश की लेकिन उन्हें कुछ नहीं मिला।

यह पुस्तक इस रहस्यमयी घाटी के रहस्य का पता लगाने की कोशिश करती है और यहां अमर रहने की संभावना पर सवाल पर ध्यान

केंद्रित करती है।

पावती (स्वीकृति)

सभी ऋषियों को, प्राचीन या आधुनिक

आमुख

पुस्तक इस ब्रह्मांड में छिपे सत्य की खोज के लिए है जो अभी भी हमारे लिए अज्ञात है।

1

संगरीला के रहस्य की खोज में

हजारों वर्षों से यह अफवाह फैल रही है कि तिब्बत में कहीं न कहीं बर्फीली हिमालय की चोटियों और सुनसान घाटियों के बीच, एक अछूता स्वर्ग है, एक ऐसा राज्य है जहां शांति और सार्वभौमिक खुशी है, जो अवर्णनीय है। शम्भाला नामक राज्य। जेम्स हिल्टन ने इस रहस्यमय शहर के बारे में 1933 में अपनी पुस्तक "लॉस्ट होराइजन" में लिखा था। हॉलीवुड और 1960 के फिल्म निर्माण, "शांगरी-ला" में पली-बढ़ी। यहां तक कि प्रसिद्ध लेखक जेम्स रेडफील्ड ने द सेलेस्टीन भविष्यवाणी भी लिखी है, जो "द सीक्रेट ऑफ शम्भाला: इन सर्च ऑफ द इलेवन इनसाइट" नामक पुस्तक भी लिख रही है। शम्भाला के रहस्य को कालचक्र का स्रोत भी माना जाता है, जो तिब्बत में रहस्यमय और गूढ़ की सबसे ऊंची शाखा है। शम्भाला की कथा हजारों साल पहले से मौजूद है। हम प्राचीन ग्रंथों जैसे कालचक्र और झांग झुंग में इस साम्राज्य का एक रिकॉर्ड पा सकते हैं जो बौद्ध धर्म के तिब्बत में प्रवेश करने से पहले भी मौजूद थे।

बॉन ग्रंथ ओल्मोलुंगरिंग नामक एक निकट से संबंधित भूमि की बात करते हैं। विष्णु पुराण जैसे हिंदू ग्रंथों में कल्कि के जन्मस्थान के रूप में शम्भाला गांव का उल्लेख है, विष्णु का अंतिम अवतार जो एक नए स्वर्ण युग (सत्य युग) की शुरुआत करेगा। इसका ऐतिहासिक आधार जो भी हो, शम्भाला को धीरे-धीरे बौद्ध शुद्ध भूमि के रूप में देखा जाने लगा, एक शानदार राज्य जिसकी वास्तविकता भौतिक या भौगोलिक जितनी दूरदर्शी या आध्यात्मिक है। यह इस रूप में था कि शम्भाला मिथक पश्चिमी यूरोप और अमेरिका तक पहुँच गया, जहाँ इसने गैर-बौद्ध और साथ ही बौद्ध आध्यात्मिक साधकों को प्रभावित किया - और, कुछ हद तक, सामान्य रूप से लोकप्रिय संस्कृति। शम्भाला शब्द संस्कृत शब्द से आया है जिसका अर्थ है "शांति का स्थान" या "मौन का स्थान"। इस राज्य में कल्पा नाम की एक राजधानी है और कुलिका या कल्कि वंश के राजाओं द्वारा शासित है। यह वह जगह है जहां जीवित चीजें परिपूर्ण और अर्ध परिपूर्ण मिलती हैं और संयुक्त रूप से मानवता के विकास का मार्गदर्शन करती हैं। जो दिल के पवित्र होते हैं वो ही इस जगह पर रह सकते हैं...

2

शम्भाला, जो एक संस्कृत शब्द है जिसका अर्थ है "शांति का स्थान" या "मौन का स्थान", प्राचीन ग्रंथों में बोली जाने वाली एक पौराणिक स्वर्ग है, जिसमें कालचक्र तंत्र और झांग झुंग संस्कृति के प्राचीन ग्रंथ शामिल हैं, जो पश्चिमी तिब्बत में तिब्बती बौद्ध धर्म से पहले थे। . किंवदंती के अनुसार, यह एक ऐसी भूमि है जहाँ केवल शुद्ध हृदय ही रह सकता है, एक ऐसा स्थान जहाँ प्रेम और ज्ञान का शासन होता है और जहाँ लोग दुख, अभाव या बुढ़ापे से मुक्त होते हैं। शम्भाला को एक हजार नामों की भूमि कहा जाता है। इसे निषिद्ध भूमि, श्वेत जल की भूमि, दीप्तिमान आत्माओं की भूमि, जीवित अग्नि की भूमि, जीवित देवताओं की भूमि और आश्चर्यों की भूमि कहा गया है। हिंदू इसे आर्यावर्त ('योग्य लोगों की भूमि) कहते हैं; चीनी इसे एचएसआई टीएन, एचएसआई वांग म्यू के पश्चिमी स्वर्ग के रूप में जानते हैं; और रूसी पुराने विश्वासियों के लिए, इसे बेलोवॉयडे के नाम से जाना जाता है। लेकिन पूरे एशिया में, यह अपने संस्कृत नाम, शम्भाला, शंबल्ला, या शांगरी-ला के नाम से जाना जाता है। कहा जाता है कि शंभला की

कथा हजारों साल पहले की है, और पौराणिक भूमि का संदर्भ विभिन्न प्राचीन ग्रंथों में पाया जा सकता है। बॉन शास्त्र ओल्मोलुंगरिंग नामक एक निकट से संबंधित भूमि की बात करते हैं। विष्णु पुराण जैसे हिंदू ग्रंथों में शम्भाला का उल्लेख कल्कि के जन्म स्थान के रूप में किया गया है, जो विष्णु के अंतिम अवतार हैं जो एक नए स्वर्ण युग की शुरुआत करेंगे। शम्भाला का बौद्ध मिथक पहले के हिंदू मिथक का रूपांतरण है। हालाँकि, जिस पाठ में शम्भाला की सबसे पहले व्यापक रूप से चर्चा की गई है, वह कालचक्र है। कालचक्र तिब्बती बौद्ध धर्म में एक जटिल और उन्नत गूढ़ शिक्षण और अभ्यास को संदर्भित करता है। कहा जाता है कि शाक्यमुनि बुद्ध ने शंभला के राजा सुचंद्र के अनुरोध पर कालचक्र की शिक्षा दी थी। कालचक्र में कई अवधारणाओं के साथ, शम्भाला के विचार को बाहरी, आंतरिक और वैकल्पिक अर्थ कहा जाता है। बाहरी अर्थ शम्भाला को एक भौतिक स्थान के रूप में अस्तित्व में समझता है, हालाँकि केवल उपयुक्त कर्म वाले व्यक्ति ही उस तक पहुँच सकते हैं और इसका अनुभव कर सकते हैं। आंतरिक और वैकल्पिक अर्थ शम्भाला के अपने शरीर और मन (आंतरिक) और ध्यान अभ्यास (वैकल्पिक) के संदर्भ में जो प्रतिनिधित्व करते हैं, उसकी अधिक सूक्ष्म समझ का उल्लेख करते हैं। इन दो प्रकार की प्रतीकात्मक व्याख्याओं को आम तौर पर शिक्षक से छात्र तक मौखिक रूप से पारित किया जाता है। जैसा कि 14वें दलाई लामा ने 1985 में बोधगया में कालचक्र दीक्षा के दौरान उल्लेख किया था, शम्भाला कोई साधारण देश नहीं है: हालांकि विशेष संबद्धता वाले लोग वास्तव में अपने कर्म संबंध के माध्यम से वहां जाने में सक्षम हो सकते हैं, फिर भी यह एक भौतिक स्थान नहीं है जिसे हम वास्तव में पा सकते हैं। हम केवल यह कह सकते हैं कि यह एक शुद्ध भूमि है, मानव क्षेत्र में एक शुद्ध भूमि है। और जब तक किसी के पास योग्यता और वास्तविक कर्म संगति न हो, वह वास्तव में वहां नहीं पहुंच सकता।

शम्भाला की अवधारणा तिब्बती धार्मिक शिक्षाओं में एक महत्वपूर्ण भूमिका निभाती है, और भविष्य के बारे में तिब्बती पौराणिक कथाओं में इसकी विशेष प्रासंगिकता है। कालचक्र मानव जाति के क्रमिक पतन

की भविष्यवाणी करता है क्योंकि भौतिकवाद की विचारधारा पृथ्वी पर फैलती है। जब इस विचारधारा का पालन करने वाले "बर्बर" एक दुष्ट राजा के अधीन एकजुट हो जाते हैं और सोचते हैं कि जीतने के लिए कुछ भी नहीं बचा है, तो शंभला के बर्फीले पहाड़ों को प्रकट करने के लिए धुंध उठेगी। भयानक हथियारों से लैस एक विशाल सेना के साथ बर्बर लोग शम्भाला पर हमला करेंगे। तब शम्भाला का राजा एक विशाल सेना के साथ शम्भाला से निकलकर "अंधेरे बलों" को परास्त करने और विश्वव्यापी स्वर्ण युग की शुरूआत करेगा। यद्यपि कालचक्र भविष्य के युद्ध की भविष्यवाणी करता है, यह बौद्ध शिक्षाओं की प्रतिज्ञाओं के विरोध में प्रकट होता है जो हिंसा को प्रतिबंधित करते हैं। इसने कुछ धर्मशास्त्रियों को प्रतीकात्मक रूप से युद्ध की व्याख्या करने के लिए प्रेरित किया है - कालचक्र लोगों के खिलाफ हिंसा की वकालत नहीं कर रहा है, बल्कि आंतरिक आसुरी प्रवृत्ति के खिलाफ धार्मिक अभ्यासी की आंतरिक लड़ाई को संदर्भित करता है।

3

कई शताब्दियों में, आध्यात्मिक ज्ञान के कई खोजकर्ताओं और साधकों ने शम्भाला के पौराणिक स्वर्ग की खोज में अभियान और खोज शुरू की है, और जबकि कई लोगों ने वहां होने का दावा किया है, अभी तक किसी ने भी इसके अस्तित्व का कोई सबूत नहीं दिया है या ऐसा करने में सक्षम नहीं है। मानचित्र पर इसके भौतिक स्थान को इंगित करें, हालांकि अधिकांश संदर्भ शंभला को यूरेशिया के पहाड़ी क्षेत्रों में रखते

हैं। प्राचीन झांग झंग ग्रंथ पंजाब या हिमाचल प्रदेश, भारत में सतलुज घाटी के साथ शंभला की पहचान करते हैं। मंगोलियाई लोग शम्भाला की पहचान दक्षिणी साइबेरिया की कुछ घाटियों से करते हैं। अल्ताई लोककथाओं में, बेलुखा पर्वत को शम्भाला का प्रवेश द्वार माना जाता है। आधुनिक बौद्ध विद्वान यह निष्कर्ष निकालते प्रतीत होते हैं कि शम्भाला हिमालय के ऊंचे इलाकों में स्थित है जिसे अब मैकलोडगंज के आसपास धौलाधार पर्वत कहा जाता है। कुछ किंवदंतियों का कहना है कि शम्भाला का प्रवेश द्वार तिब्बत में एक दूरस्थ, परित्यक्त मठ के अंदर छिपा हुआ है, और शम्भाला संरक्षक के रूप में जाने जाने वाले प्राणियों द्वारा संरक्षित है।

कुछ लोगों के लिए, यह तथ्य कि शम्भाला कभी नहीं पाया गया है, इसकी एक बहुत ही सरल व्याख्या है - कई लोग मानते हैं कि शम्भाला भौतिक वास्तविकता के बहुत किनारे पर स्थित है, इस दुनिया को इसके परे एक से जोड़ने वाले सेतु के रूप में। जबकि कई लोग शंभला को मिथक और किंवदंती के काल्पनिक विषय के रूप में अनदेखा करते हैं, दूसरों के लिए, शंभला में एक विश्वास एक दिन इस यूटोपियन साम्राज्य को खोजने के लिए एक आंतरिक इच्छा पैदा करता है।

4

"कुछ छिपा है। जाओ और इसे ढूंढो। जाओ और रेंज के पीछे देखो - रेंज के पीछे कुछ खो गया। खोया और पाने की प्रतीक्षा में। जाओ!"
-रूडयार्ड किपलिंग

न केवल लेखक रूडयार्ड किपलिंग, बल्कि कई अन्य लोग हैं, जो मानते हैं कि दुनिया की सबसे शक्तिशाली पर्वत श्रृंखला, हिमालय, कुछ अंतर-आयामी प्राणियों का घर है। ये प्राणी एक छिपी हुई दुनिया में रहते

हैं - दुनिया, हमारी कोई पहुंच नहीं है! यहां तक कि वैदिक भौतिकी भी हमारे ब्रह्मांड में बहुआयामी रिक्त स्थान के बारे में बात करती है। इसके अनुसार, 64 मुख्य आयाम हैं, जिनमें से, हम तीसरे आयाम में रहते हैं और चीजों को देख सकते हैं, लेकिन हम सार्वभौमिक वास्तविकता के अन्य क्षेत्रों को नहीं देख सकते हैं। जबकि हमारी कल्पना इतनी दूर नहीं जा सकती, आइए चौथे-आयामी जीवन के बारे में बात करते हैं। आधुनिक विज्ञान के वर्तमान युग में रहने के बाद भी यह माना जाता है कि चौथे आयाम में रहने वाले लोग अधिक सभ्य और सुखी होते हैं। ऐसी ही एक सामंजस्यपूर्ण घाटी, चौथी-आयामी दुनिया के लिए एक रहस्यमय पलायन की पेशकश करती है, शांगरी-ला। इस जगह के बारे में पहली बार 1933 में ब्रिटिश लेखक जेम्स हिल्टन ने अपने उपन्यास "लॉस्ट होराइजन" में बात की थी। उन्होंने इस जगह को एक पार्थिव परादीस के रूप में वर्णित किया - एक स्थायी सुखी स्थान, हमारी दुनिया से एक कट-ऑफ। उपन्यास में, शांगरी-ला एक काल्पनिक यूटोपियन है (आप जानते हैं, आदर्श राज्य!) तिब्बत के ऊंचे पहाड़ों में स्थित मठ है। वहां रहने वाले लोग सैकड़ों साल जीते हैं और उम्र बहुत धीमी होती है। वास्तव में, तिब्बती शास्त्र ऐसे ही एक छिपे हुए स्थान की बात करते हैं। शांगरी-ला के रूप में नहीं, बल्कि खेम्बलुंग के रूप में नामित। 9वीं शताब्दी में बनाया गया, इस स्थान को ऋषियों के लिए पवित्र स्थान माना जाता है, जिन्होंने आम लोगों को अधिक स्वतंत्रता और जागरूकता के लिए आंतरिक यात्रा करने के लिए प्रेरित करने की शक्ति प्राप्त की है (याद रखें, रॉबिन शर्मा की, 'जिस साधु ने अपनी बिक्री की फेरारी?)। चूंकि, शांगरी-ला शब्द एक तिब्बती मुहावरा है, जो शांग पर्वत दर्रे को संदर्भित करता है - शायद, इस क्षेत्र तक इसकी पहुंच है। इसलिए, कई लोग मानते हैं कि ऐसा ही एक स्वर्ग वास्तव में कुनलुन शान पर्वत श्रृंखला में स्थित हो सकता है। शांगरी ला आज की दुनिया के लोगों को आकर्षित करती है, लेकिन इसकी जड़ें पुराने समय से हैं। ऐसा माना जाता है कि इसकी अवधारणा शम्भाला के प्राचीन तिब्बती मिथक से प्रेरित है। सैकड़ों वर्षों से, यह माना जाता है कि शम्भाला एक ऐसा स्थान है जहाँ बौद्धों की सबसे पवित्र शिक्षाएँ संरक्षित हैं। यह कोई भौतिक

स्थान नहीं है, बल्कि एक रहस्यमय-आध्यात्मिक संसार है। ऐसा माना जाता है कि शांगरी ला के निवासी लालच, वासना से मुक्त, शांतिपूर्ण अस्तित्व के रहस्यों को पकड़कर संतुष्ट जीवन जीते हैं। यह स्थान ज्ञान, दया और आशा का घर है, जिसमें मानवीय पीड़ा का कोई निशान नहीं है। यह स्थान एक पवित्र महल और झील को घेरता है। हिमालय के पहाड़ों के बेरोज़गार क्षेत्रों में स्थित, यह स्थान हमारी पहुंच से बाहर है, और इसलिए, यह भौतिकवादी सुखों की दुनिया से एक सच्चा पलायन प्रदान करता है। प्रकृति और मनुष्य दोनों एक महान सद्भाव में रहते हैं। एक दूसरे के साथ एक अद्भुत सहयोग बनाए रखते हुए, इसके लोगों के बीच बीमारी या भूख का प्रसार नहीं होता है। वहां के लोग स्वस्थ दिखते हैं। सफेद रंग के सुंदर वस्त्र धारण करने वाले, वे हर समय सुख और दिव्य ज्ञान के धन के अधिकारी होते हैं। शांगरी-ला, या इसी तरह के कई चौथे आयामी स्थान, केवल मिथक की कहानियां हैं, लेकिन उन्होंने सैकड़ों वर्षों से दार्शनिकों, मनीषियों, यात्रियों और अध्यात्मवादियों के दिमाग पर कब्जा कर लिया है। उन्होंने ऐसी जगह को "खुशी का स्रोत" कहा है। उनका मानना है कि ऐसे लोग मौजूद हैं जो अंतर-आयामी हैं और उनके लिए आयामों के बीच यात्रा करना आसान है। वे हमसे श्रेष्ठ हैं क्योंकि उनमें बिना किसी निशान के प्रकट होने और गायब होने की क्षमता है। केवल दुर्लभ अवसरों पर ही मनुष्य उनकी कल्पना कर सकता है। समय-समय पर हिमालय क्षेत्र में होने वाली अजीबोगरीब घटनाओं के किस्से सुनाए जाते रहे हैं। 20वीं सदी में भारतीय अखबार में एक कहानी भी छपी। हिमालय में डेरा डाले हुए ब्रिटिश मेयर ने अचानक देखा कि एक लंबा अजीब आदमी उन्हें देख रहा है। देखते ही देखते वह अचानक गायब हो जाता है। जबकि महापौर वास्तव में हैरान हो गए, उनके साथ तिब्बती लोगों ने सामान्य व्यवहार किया। बाद में उन्होंने उसे बताया कि कैसे ये लोग पवित्र क्षेत्र में प्रवेश द्वार की रखवाली करते रहते हैं। रूसी वैज्ञानिकों में से एक, लेडी स्ट्रेलकोव, यहां तक दावा करते हैं कि अंतर-आयामी लोग अपनी दुनिया में मानवीय हस्तक्षेप पसंद नहीं करते हैं। जो लोग इसका गहराई से अध्ययन करने की कोशिश करते हैं, उन्हें अक्सर दुर्भाग्य या असफलता का सामना करना पड़ता है। उनका कहना

है कि कुछ वैज्ञानिकों ने, जिन्होंने शंबाला के बारे में अध्ययन करने की कोशिश की, किसी न किसी घटना में दुखद रूप से मृत्यु हो गई। खैर, ऐसी कहानियों पर विश्वास करना आसान नहीं होता। उनके लिए - हम सभी की तरह - परिदृश्य को त्रि-आयामी दृष्टिकोण से देखना, शांगरी-ला जैसी जगह, केवल सपनों में मौजूद है। हालाँकि, ऐसी जगहों के करीब आने के लिए, हमें पहले इसके अस्तित्व पर विश्वास करना शुरू करना होगा, और उसके बाद ही हम एक मौका पा सकते हैं। शांगरी-ला के इस रहस्यमय साम्राज्य को अलग-अलग जगहों पर अलग-अलग नामों से जाना जाता है। भारत में, हिंदू इसे आर्यवर्ष कहते हैं -

वह स्थान जहाँ से पवित्र वेद आते हैं। सेल्ट्स इसे एवलॉन के नाम से जानते हैं। ग्रीक पौराणिक कथाओं में, शांगरी-ला को हाइपरबोरिया के रूप में जाना जाता है। तिब्बतियों का दावा है कि शांगरी-ला जाने के लिए मन की शुद्धि आवश्यक है। एक अजीब लेकिन वास्तविक परिदृश्य के माध्यम से यात्रा करते हुए, आत्मा के जागरण के लिए ध्यान की आवश्यकता होती है, जो इस रहस्यवादी दृष्टि के मार्ग को अवरुद्ध करने वाले अभ्यस्त विचारों और पूर्व धारणाओं से काटती है। जीवन को चौथे आयाम में देखने की क्षमता हासिल करने के लिए जागरूकता को सीमित नहीं करना एक शर्त है। हमें जो कुछ भी हम देखते हैं उसमें पवित्रता को महसूस करने की भावना विकसित करने की आवश्यकता है। हमारे पास जो पवित्र परिवेश है, उसके बारे में जागरूक होकर, हम उनके साथ अत्यंत सम्मान और देखभाल करना सीखेंगे। इस तरह, हमारे पास इस राजसी सुंदरता के स्थान के करीब आने का मौका है। 1985 में, कालचक्र उत्सव में, दलाई लामा ने उद्धृत किया: "हालांकि विशेष संबद्धता वाले लोग वास्तव में अपने कर्म संबंध के माध्यम से वहां जाने में सक्षम हो सकते हैं, फिर भी यह एक भौतिक स्थान नहीं है जिसे हम वास्तव में पा सकते हैं। हम केवल यह कह सकते हैं कि यह एक शुद्ध भूमि है, मानव क्षेत्र में एक शुद्ध भूमि है। और जब तक किसी के पास योग्यता और वास्तविक कर्म संगति नहीं है, तब तक कोई वास्तव में वहां नहीं पहुंच सकता है।"

दुख से मुक्त स्थान की निरंतर खोज, और जो प्रकृति और अन्य मनुष्यों के साथ ज्ञान, दया और सद्भाव का घर है, ने सैकड़ों वर्षों से दार्शनिकों, मनीषियों, यात्रियों और अध्यात्मवादियों के दिमाग पर कब्जा कर लिया है।

5

शांगरी-ला क्या है?
रहस्य और ज्ञान

शांगरी-ला एक पौराणिक यूटोपियन गांव है जो हिमालय पर्वत के बेरोज़गार क्षेत्रों में गहराई से स्थित है। हालाँकि यह शब्द 1930 के दशक में उत्पन्न हुआ था, यह अवधारणा प्राचीन परेड जैसे शम्भाला और ईडन गार्डन के समान है। कहा जाता है कि निवासियों ने पारंपरिक बौद्ध तरीकों का अभ्यास किया, भौतिकवाद और अन्य पश्चिमी प्रभावों से मुक्त, सैकड़ों वर्षों तक जीवित रहे, और प्रकृति के साथ सद्भाव में मौजूद रहे। सूत्रों के अनुसार, ऊंची चोटियों की सीमा के भीतर, अच्छी तरह से छिपे हुए गांव में एक पवित्र महल और झील है।

स्रोत

शांगरी-ला शब्द 1933 में प्रकाशित जेम्स हिल्टन के उपन्यास लॉस्ट होराइजन पर आधारित है। कहानी शायद प्राचीन तिब्बती मिथक शम्भाला से ली गई है। हालाँकि, 1580 के दशक में, पश्चिमी दुनिया ने पहली बार शम्भाला या शांगरी-ला प्रकार के स्वर्ग का उल्लेख सुना था। उस समय के यूरोपीय यात्रियों का सम्राट अकबर के दरबार में स्वागत

किया गया और उन्होंने पौराणिक स्वप्नलोक के बारे में सब कुछ सुना।

स्थान

सूत्र बताते हैं कि स्वर्ग कुनलुन पर्वत में स्थित हो सकता है, जो एशिया की सबसे लंबी पर्वत श्रृंखलाओं में से एक है। जिन राजवंश में, 265 से 420 ईसा पूर्व, चीनी कवि ताओ युआनमिंग ने शांगरी-ला के समान स्थान का उल्लेख किया है। अपनी कहानी में, एक मछुआरे को एक रहस्यमयी कुटी के नीचे से अपनी नाव के गुजरने के बाद एक सुनसान, हरे-भरे इलाके में रहने वाले लोगों के एक समूह का पता चलता है। ग्रामीण दयालु थे, और मछुआरे का उनके आनंदमय घर में स्वागत किया। 2001 में, इस स्थान पर अधिक पर्यटकों को आकर्षित करने के लिए इस क्षेत्र का नाम बदलकर शांगरी-ला कर दिया गया था। लेखक हुंजा घाटी को स्वर्ग का एक अन्य संभावित स्थल होने का भी दावा करते हैं। यह कथित तौर पर हिल्टन की पुस्तक का आधार था, लेकिन चूंकि इस क्षेत्र में तिब्बती प्रभाव नहीं है, इसलिए यह एक कम संभावना वाला उम्मीदवार है। 1920 और 30 के दशक में, एक नेशनल ज्योग्राफिक पत्रकार चीन के युनमान प्रांत क्षेत्र में रहता था और उसने हरे-भरे घाटी के लेख और तस्वीरें प्रस्तुत कीं। कुछ स्रोतों के अनुसार यह एक और संभावित शांगरी-ला भी हो सकता है। खोया क्षितिज हिल्टन के उपन्यास में, छिपा हुआ शांगरी-ला एक 200 वर्षीय भिक्षु की अध्यक्षता में एक लैमरी है, और कथित तौर पर कुनलुन पर्वत में स्थित है। निवासियों ने एक शांतिपूर्ण जीवन व्यतीत किया, पैसे या लालच से मुक्त, और अपनी प्राचीन संस्कृति के रहस्यों को रखा। हो सकता है कि उपन्यास अपने पाठकों को आशा और पलायन का साधन प्रदान करके, महामंदी के प्रभावों के कारण लोकप्रिय हो गया हो। कुछ अंदरूनी सूत्रों के अनुसार, किताब की एक प्रति उस समय कैंप डेविड में भी मिल सकती थी। शम्भाला खोए हुए, पौराणिक राज्यों की कहानियां लॉस्ट होराइजन से बहुत पहले से हैं। सैकड़ों वर्षों से, हिमालय में एक स्थान की बौद्ध शिक्षाओं में किस्से मौजूद हैं जहाँ बौद्धों की सबसे पवित्र शिक्षाएँ संरक्षित हैं। यह भौतिक, स्थान के बजाय अधिक आध्यात्मिक माना जाता है और इसे शम्भाला के नाम से जाना जाता

है।

अघरती अघरती, या अघरता, हिमालय में स्थित एक छिपे हुए भूमिगत शहर के खोखले पृथ्वी सिद्धांत के समान एक किंवदंती है। अलेक्जेंड्रे सेंट-यवेस डी'एल्वेड्रे, एक फ्रांसीसी तांत्रिक, ने अघरता के बारे में लिखा था। माना जाता था कि पौराणिक साम्राज्य में बहुत उन्नत तकनीक थी। एक प्रसिद्ध थियोसोफिस्ट, मैडम ब्लावात्स्की ने फिर कहानी को आगे बढ़ाया, यह दावा करते हुए कि अघरता सुरंगों के माध्यम से शम्भाला तक पहुंचा जा सकता है। आधुनिक संदर्भ शांगरी-ला शनि के चंद्रमा, टाइटन के एक अंधेरे खंड का नाम है, जो तरल हाइड्रोकार्बन से भरा है। इसे टाइटन और पृथ्वी की समानता का एक और संकेत कहा जाता है और शायद हमारे अपने ग्रह के बाहर शांगरी-ला की आशा प्रदान करता है! हिल्टन के उपन्यास की प्रशंसा के बाद, इसी नाम से एक फिल्म बनाई गई थी, और 1937 में एक बड़ी हिट थी। हाल की फिल्मों में, विषय का भी उपयोग किया गया है; उदाहरण के लिए, स्काई कैप्टन और द वर्ल्ड ऑफ टुमॉरो में पात्र खुद को शांगरी-ला में खोजने के लिए जागते हैं। कई टीवी श्रृंखलाओं ने छिपे हुए स्वर्ग की अवधारणा के साथ-साथ विभिन्न पुस्तकों और गीतों का उपयोग किया है। यूटोपिया शब्द लैटिन से लिया गया है और इसका अर्थ है कोई जगह नहीं। यह यूटोपिया, शम्भाला, ईडन या शांगरी-ला का एक अनिवार्य तत्व है। यदि यह पाया जा सकता है, तो यह संभवतः आगंतुकों से भर जाएगा और इसके आवश्यक यूटोपियन गुणों को खो देगा। शायद, जैसा कि कई पूर्वी दर्शन कहते हैं, हम वास्तव में इन सुखद स्थानों को अपने भीतर ही पा सकते हैं।

एशिया ट्रांसपेसिफिक जर्नी के क्रिस डनहम गर्मियों के अंत में खम्पा हॉर्स फेस्टिवल, तीन दिनों के उत्सव, गीत और घुड़सवारी शो के दौरान यात्राओं की योजना बनाते हैं। अधिकांश यात्री शांगरी-ला के मुख्य शहर, डिकिंग में और उसके आसपास रहते हैं, जो प्राचीन चाय व्यापार मार्ग पर एक पूर्व केंद्र था।

सांसारिक स्वर्ग। अवर्णनीय सौंदर्य का स्थान। एक बंद समुदाय बाहरी दुनिया से कट गया। एक पहाड़ी यूटोपिया जहां पुरुष और

महिलाएं सद्भाव में रहते हैं, समय और इतिहास के कहर से अछूते हैं। ये शांगरी-ला के विवरण हैं, जैसा कि ब्रिटिश लेखक जेम्स हिल्टन ने कल्पना की थी। हिल्टन ने अपने उपन्यास लॉस्ट होराइजन में शांगरी-ला नाम गढ़ा, जो पहली बार 1933 में प्रकाशित हुआ था। उनके विवरण वही हैं जो अधिकांश लोग अभी भी कल्पना करते हैं जब वे पौराणिक स्थान की कल्पना करने की कोशिश करते हैं। हिल्टन कभी तिब्बत या कुनलुन पर्वत पर नहीं गए थे, लेकिन कुछ का कहना है कि नेशनल ज्योग्राफिक पत्रिका के लिए जोसेफ रॉक के लेखन ने उन्हें इस क्षेत्र में अपना उपन्यास स्थापित करने के लिए प्रेरित किया। शांगरी-ला की यात्रा की लालसा इतनी शक्तिशाली थी कि लोगों को आश्चर्य होने लगा कि क्या यह पौराणिक स्वर्ग वास्तविक हो सकता है। इन वर्षों में, हिल्टन के उपन्यास में वर्णित समुदाय के साथ पूर्वी एशिया में एक पर्वतीय आश्रय की पहचान हो गई। मिथक एक वास्तविक गंतव्य में बदल गया। हालांकि हिल्टन के उपन्यास ने शांगरी-ला की खोज की, लेकिन वह एक सांसारिक स्वर्ग की कल्पना करने वाले पहले व्यक्ति नहीं थे। सदियों से, पृथ्वी पर खोए हुए स्वर्ग के मिथक का मानव कल्पना पर ऐतिहासिक प्रभाव रहा है। सेल्टिक, सुमेरियन और तिब्बती बौद्ध शिक्षण ऐसे स्थान की बात करते हैं, जैसा कि मुगल सम्राट अकबर के दरबार में कही गई कहानियाँ हैं। उत्पत्ति में, बाइबल हमें एक पार्थिव परादीस का दर्शन देती है: अदन नामक एक वाटिका। पतन के बाद से, मानवजाति उस पाप के कारण खोए हुए परादीस के लिए तरस रही है जिसने हमें हमारे सृष्टिकर्ता से अलग कर दिया। शांगरी-ला की रहस्यमय अपील शांगरी-ला का स्थान, कम से कम कार्टोग्राफिक अर्थ में, अब अस्पष्ट नहीं है। 2001 में, पर्यटन को बढ़ावा देने के लिए, झोंगडियन शहर ने इसका नाम बदलकर शांगरी-ला कर दिया। शहर उस क्षेत्र में है जिसकी हिल्टन ने कल्पना की थी। अब जब शांगरी-ला आधिकारिक तौर पर "मानचित्र पर" है, तो घरेलू पर्यटन बढ़ रहा है। हेलीकॉप्टर की सवारी से मशहूर अभिनेता पहुंचे हैं। पर्यटकों की आमद को पूरा करने के लिए बार और स्मारिका की दुकानें खोली गई हैं। यह क्षेत्र अपनी रहस्यमय अपील को बनाए रखता है, क्योंकि कई मायनों

में, यात्रा करने से ऐसा महसूस होता है कि आप समय से पीछे हट गए हैं। शांगरी-ला का पुराना शहर एक बीते युग जैसा दिखता है। कई साल पहले, पुराना शहर जलकर खाक हो गया था और इसके बहुत से हिस्से को फिर से बनाना पड़ा था। शाम के समय, पुरुष और महिलाएं पारंपरिक तिब्बती शैली में नृत्य करने के लिए मुख्य टाउन स्क्वायर के साथ-साथ एक छोटे वर्ग में इकट्ठा होते हैं। राजसी बर्फ से ढके पहाड़ और प्रतिष्ठित तिब्बती मंदिर और शहर के सामने एक पहाड़ी पर लामासरी रहस्यमयी आभा को जोड़ते हैं। लामासरी तिब्बती लामाओं या भिक्षुओं के लिए एक मठ है। यह क्षेत्र पूर्वी एशिया की सबसे ऊंची पर्वत श्रृंखलाओं में से एक है। सत्रह चीन-जापानी पर्वतारोहियों के कावागारपो चोटी पर चढ़ने के प्रयास में मारे जाने के बाद, सरकार ने पर्वतारोहियों के लिए पहाड़ को बंद कर दिया। तिब्बती बौद्ध चोटी को पवित्र मानते हैं। स्वर्ग में जीवन की काली वास्तविकताएँ शांगरी-ला ईडन नहीं है। यह पार्थिव परादीस पूर्णता से रहित है। हालाँकि वह इलाका जहाँ कई तिब्बती बौद्ध रहते हैं, सुंदर हो सकता है, लेकिन यह स्थानीय लोगों पर भारी पड़ता है। हिल्टन के उपन्यास में अस्वाभाविक रूप से युवा निवासियों के विपरीत, शरीर की उम्र, अक्सर समय से पहले होती है। तिब्बतियों की परिभाषित झुर्रियाँ और खराब त्वचा इस चरम वातावरण में जीवित रहने की कठिनाई की गवाही देती है। उच्च ऊंचाई उम्र बढ़ने की प्रक्रियाओं को गति देती है। और उच्च ऊंचाई पर पैदा हुए बच्चों को अक्सर जन्मजात हृदय रोग होते हैं। शायद हिल्टन ने तिब्बती क्षेत्र को अपने उपन्यास के लिए सेटिंग के रूप में चुना क्योंकि भ्रम के कारण कई पश्चिमी लोग तिब्बती बौद्ध धर्म को ध्यान और सद्भावना पर केंद्रित एक खुश, सामंजस्यपूर्ण विश्वास के रूप में रखते हैं। अधिकांश लोगों को अंधेरे की गहराई का एहसास नहीं है - आध्यात्मिक उत्पीड़न और राक्षसी प्रभाव - जो कि हिमालय में छिपे हुए हैं। शांगरी-ला दुनिया के सबसे बड़े प्रार्थना चक्र का घर है। बुजुर्ग पुरुष और महिलाएं अपना अधिकांश दिन प्रार्थना चक्रों और स्तूपों की परिक्रमा करते हुए बिताते हैं, जो टीले के आकार की संरचनाएं हैं जिनमें धार्मिक अवशेष हैं। लोग सुबह के शुरुआती घंटों में, यहाँ तक कि ठंड के मौसम में भी, पवित्र माने जाने वाले संस्कृत में मंत्रों का पाठ कर

रहे हैं। तिब्बती बौद्ध अपने भाग्य और भविष्य की अनिश्चितता में जी रहे हैं। वे मंत्रों के पाठ पर नज़र रखने के लिए प्रार्थना माला का उपयोग करते हैं। कभी-कभी पुरुष और महिलाएं स्तूपों की परिक्रमा करते हुए खुद को साष्टांग प्रणाम करते हैं। क्या उनकी भक्ति निर्वाण तक पहुँचने और उनके पापों का प्रायश्चित करने के लिए पर्याप्त है? यह कब पर्याप्त होगा? अनंत काल के इस तरफ, उनके पास कोई जवाब नहीं है। उत्तर न होने से तिब्बती बौद्ध प्रदर्शन-आधारित धर्म के बंधन में बंध जाते हैं।

9 79 8 8 8 7 1 7 9 7 1 1